AF370870

HISTOIRE

DE

MAISONS-LAFFITTE.

IMPRIMÉ PAR LES PRESSES MÉCANIQUES DE BOULÉ ET COMPAGNIE,

RUE COQ-HÉRON, 5.

HISTOIRE

ET DESCRIPTION PITTORESQUE

DE

MAISONS-LAFFITTE,

PAR M. DE ROUVIÈRES,

INGÉNIEUR CIVIL, MEMBRE DE PLUSIEURS SOCIÉTÉS SAVANTES,

Auteur des *Merveilles de Paris*, et rédacteur du *Paris and London Advertiser*, pour la partie des Beaux-Arts.

PARIS.

LIBRAIRIE DES ÉTRANGERS,

33, RUE NEUVE-SAINT-AUGUSTIN, PRÈS LA RUE DE LA PAIX.

1838,

HISTOIRE

DE

MAISONS-LAFFITTE (1).

A mesure que la population de Paris s'accroît, à mesure que nos maisons se couronnent de nouveaux étages ; que des constructions nouvelles envahissent les jardins que nous avaient légués nos pères, le séjour de la capitale devient plus difficile, et moins salubre. Sans doute cette agglomération d'établissemens divers, cette concentration de choses et de personnes sur un espace restreint, sont utiles à la vie commerciale et industrielle. Ce qu'il fallait demander autrefois à cent villes différentes, se trouve aujourd'hui réuni dans un seul quartier. De toutes parts s'ouvrent des bazars, des marchés, des passages, et chaque rue offre l'aspect d'une foire perpétuelle. Le négoce et l'industrie n'ont qu'à s'applaudir d'un pareil succès ; mais la vie commerciale n'est point la seule qui fasse vivre les nations : c'est avant tout la vie physique, l'entier développement des forces de chaque membre de la société qui concourt à transmettre à nos enfans cette énergie si nécessaire à l'accroissement de la population ainsi qu'à la reproduction successive de l'espèce humaine.

(1) Vues pittoresques de Maisons-Laflitte, avec texte, dessinées d'après nature par Pingret et lithographiées par L. J. Tirpenne, Monthelier, Bayot, etc. , 1838. — Ces vues, qui reproduisent en grande partie les jolies constructions exécutées par M. Charles Duval, architecte de *Maisons*, sont publiées par Déro-Becker, éditeur, 43 , rue Neuve-Saint-Augustin ; on les trouve également au *Cercle Britannique*, même rue, 55, à Paris.

Paris se trouve au milieu de circonstances telles que la vie n'y est réellement pas possible, et si tous les ans les provinces ne lui envoyaient des flots de population forte et énergique, Paris ne compterait bientôt plus dans son sein que des hommes souffreteux et rachitiques. C'est une chose très remarquable, et à laquelle on ne porte pas assez d'attention : il existe fort peu de familles à Paris qui puissent prouver l'existence de trois générations consécutives dans cette ville, ou celles qui se trouvent dans cette loi d'exception, ne présentent après ce laps de temps que des enfans rachitiques, scrofuleux et étiolés. A toutes les époques, dans tous les pays, le séjour des grandes villes a été considéré comme très nuisible à la santé et au développement des forces physiques. Dans certaines rues, l'air s'y renouvelle difficilement ; dans d'autres, les vents s'y engouffrent d'une manière fatale ; le sur-haussement des étages empêche les rayons du soleil de pénétrer dans les habitations, de les assainir ; l'humidité du sol, les émanations méphitiques des égouts, les eaux stagnantes et les matières décomposées qui obstruent la voie publique imprègnent l'air qu'on respire dans une grande ville d'une telle dose d'alcali et d'acide carbonique, que les poumons perdent bientôt leur élasticité première ; les voies aériennes s'engorgent, et puis se déclarent ces nombreuses variétés d'affections de poitrine. N'est-il pas pénible d'apprendre que Paris donne à l'armée les conscrits les plus faibles et les plus rachitiques. Sur mille recrues fournies par Paris, on est obligé d'en exempter cent soixante pour défaut de taille, et six cent quarante pour faible constitution ! La vie moyenne à Paris est de vingt-neuf ans, tandis que dans les autres départemens elle est de trente-six ans. La mortalité des enfans en bas âge y est énorme comparée à celle des enfans des campagnes. Au reste, il en est ainsi dans toutes les grandes villes : à Lyon, à Marseille, à Lisbonne, à Rome. A Londres même où chaque maison ne sert qu'à une seule famille, la vie y est plus pénible et plus semée d'indispositions et d'infirmités que dans les comtés ; aussi, les personnes aisées qui sont forcées de résider à Londres, ne manquent pas d'avoir dans les environs une habitation de campagne où du moins elles peuvent à leur gré venir respirer un air plus riche d'hydrogène et plus bienfaisant pour la santé.

A Londres, il n'est pas un seul habitant de la Cité qui, outre sa maison d'affaires, n'ait, suivant ses moyens, un *cottage* ou un *country-house :* c'est là que le soir il vient se retirer au sein de sa famille, et rafraîchir ses poumons, au milieu d'un air pur, des gaz méphitiques qu'il a été obligé d'absorber pendant toute la journée. A six heures du soir, à la chute du jour, lorsque les cent mille becs de gaz qui éclairent les rues de Londres s'enflamment, vous jouissez d'un spectacle magnifique ; c'est le départ presque instantané de trois à quatre mille voitures : bogueys, landaws, calèches, gigs, équipages brillans qui, par des chemins divers, se dirigent sur Hampstead, Paddington, Grenwich, Blackheath, lieux charmans semés d'une infinité de petites maisons de campagne qui offrent à leurs propriétaires le plus agréable séjour.

Nous n'en sommes pas encore venus là, à Paris. Il est vrai que les environs immédiats de notre capitale n'offrent pas les mêmes ressources que les environs de Londres. On n'y trouve ni cette riche végétation, ni ces eaux abondantes, ni ces épais ombrages, ni ces routes macadamisées sur lesquelles on ne se sent pas marcher. La nature crayeuse du sol des environs de Paris ; en quelques endroits, son exhaussement beaucoup trop considérable au dessus de la Seine, le rendent sec, stérile et incapable de produire une belle végétation. Ainsi, Montmartre, Belleville, Montrouge, Saint-Chaumont, superposés sur des carrières, sont d'une désespérante aridité, tandis que les plaines gypseuses de Saint-Denis, Clichy-la-Garenne, de la Villette, sont soumises encore à la même monotonie. Ce n'est qu'en descendant le cours de la Seine que le sol change de nature et d'aspect, là nous le trouvons formé de riches alluvions, et, dans la partie supérieure, il est recouvert d'un humus légèrement sablonneux, qui favorise singulièrement la végétation. Mais pour aller gagner ces terrains il faut suivre les nombreux méandres de la Seine, ou s'engager dans une série de chemins secondaires qui rendent le trajet des plus désagréables. Cet inconvénient a été bien senti par tous les entrepreneurs de chemins de fer; aussi tous ont dirigé leurs lignes en aval de la Seine; les uns, par la rive droite; les autres, par la rive gauche. Les premiers d'entre eux tous s'étaient déjà emparés de la ligne principale: celle de Paris à Saint-Germain, qui, nous faisant franchir en quelques minutes les plaines arides de Colombes, de Villiers-la-Garenne et de Nanterre, nous transporte au milieu de la riche végétation qu'on découvre soudainement à l'arrivée au Pecq, et que l'on domine dans toute sa splendeur, une fois arrivé sur la magnifique terrasse de Saint-Germain(1). Rien n'est plus beau que cet imposant panorama; aussi, les artistes anglais n'ont pas manqué de reproduire cette vue, la plus belle peut-être qui existe en Europe. Maintenant six mille personnes vont chaque dimanche payer leur tribut d'admiration à ces sites délicieux. A vos pieds roulent les eaux de la Seine, dans un lit immense; vous vous appuyez à droite, sur le château où naquit Louis XIV, et plus loin, à l'horizon, se dessinent d'une manière pittoresque les aqueducs de Marly: vous êtes adossé à la sombre forêt de Saint-Germain, qui sert de repoussoir aux jolies collines de Sartrouville et du Ménil, semées de petits groupes de maisons et de bouquets d'arbres. C'est au milieu de ce magnifique paysage que se trouve jeté Maisons-Laffitte, qui en est à la fois le complément et l'une des parties les plus essentielles. L'origine et les différentes transformations qu'a subies cette résidence, offrent le plus grand intérêt et méritent d'être signalées à l'attention du public.

Maisons-Laffitte s'élève sur un léger plateau, orné dans sa partie supérieure, d'un bois aussi épais et aussi ombragé que celui de la forêt de Saint-Germain; puis le terrain s'abaisse

---

(1) Voyez l'histoire et la description du chemin de fer de Paris à St-Germain publié avec un plan, à la Librairie des Etrangers, 55, rue Neuve-St-Augustin, près la rue de la Paix. Cette description fait partie de l'ouvrage intitulé *Merveilles d. Paris*, orné de 120 gravures sur bois.

en pente douce vers la Seine, encadré d'un côté par le pont de Maisons-Laffitte, de l'autre, par le moulin hydraulique qui alimente d'eau le village et le château de Maisons.

Le village de Maisons était très peu important avant la révolution; quelques habitations de mauvais goût, situées en amphithéâtre, conduisaient des bords de la Seine à l'entrée principale du château; les habitans y vivaient dans une sorte d'isolement, qui donnait à leur caractère un fond de sauvagerie qu'entretenait la difficulté des communications.

Ils étaient séparés de Paris par la Seine, dont les replis tortueux leur opposaient une triple difficulté. D'un côté, le parc royal de Saint-Germain leur était fermé, et de l'autre, ils n'avaient que des chemins impraticables; leurs propriétés peu nombreuses se divisaient à l'infini et se réduisaient à des fractions si minimes qu'elles ne pouvaient suffire à leurs besoins; aussi cette petite population ne s'accroissait-elle point et n'avait-elle d'autres ressources que celles que lui offrait le voisinage des marquis de Maisons.

Au milieu d'un parc immense, dans une des plus jolies positions que la nature puisse offrir, un maçon, dont le nom devait devenir immortel, construisit un petit palais qui fut à la fois son coup d'essai et son chef-d'œuvre. C'était l'époque des grandes choses. Versailles s'élevait; Saint-Cloud, Marly, Vaux, Cluny, resplendissaient d'un luxe inouï. Le marquis de Maisons, René de Longueville, surintendant des finances, sous le cardinal Mazarin, voulut aussi sacrifier à la mode; mais plus heureux que Fouquet, il jouit long-temps de sa propriété, et la légua à ses enfans. Un hasard heureux, il est vrai, le servit dans ses projets.

Le marquis de Maisons, qui habitait en 1650 la rue des Prouvaires, ayant fait exécuter quelques fouilles dans l'un des caveaux de son hôtel, y trouva 40,000 pièces d'or au coin de Charles IX. Il crut ne pouvoir mieux employer son argent qu'en faisant construire un château dans son parc de *Maisons;* et soit qu'un second hasard lui ait offert le maçon François Mansard, soit qu'il ait deviné dans cet ouvrier ignoré le génie

qui l'animait, il le chargea de dresser le plan et de surveiller
la construction de l'édifice que nous admirons aujourd'hui ;
c'est ainsi que le trésor de la rue des Prouvaires valut à la
France un de ses plus jolis châteaux et le plus célèbre des
architectes.

L'entrée de ce château, du côté du village, s'annonçait
par une vaste avant-cour, accompagnée de pavillons décorés
de colonnes doriques, avec des groupes d'enfans en amortis-
sement ; elle s'ouvrait sur trois longues avenues disposées en
croix, et accompagnées chacune de deux pavillons qui tra-
versent le parc ; dans cette avant-cour, ornée des statues de
Mars et de Minerve, on voyait à gauche le bâtiment des écuries, décoré de pilastres doriques, accouplés et terminés par
deux pavillons à pans, avec des portes grillées enrichies de
sculptures ; le milieu de ce bâtiment s'annonçait par un
avant-corps de six colonnes, portant des vases et surmonté
d'un attique avec un lanternon, dans lequel était une horloge ;
des chevaux en bas-relief et en demi-bosse faisaient la déco-
ration de cet avant-corps ; le centre des écuries était occupé
par un manége couvert, au dessus duquel se trouvait une galerie ; à ce manége communiquaient d'autres corps d'écuries ;
et dans le fond était une grotte qui formait l'abreuvoir.

Le château est isolé et entouré de fossés secs, ainsi que
la cour d'honneur, qui est bordée d'une belle balustrade ; au
milieu de cette cour était un bassin ; sur les deux côtés deux
quinconces ; celui de gauche était terminé par l'orangerie,
bâtiment d'une architecture gracieuse ; la façade sur cette
cour est décorée de trois ordres, dorique, conique et corin-
thien, élevés l'un sur l'autre. Les deux pavillons carrés qui
en occupent les extrémités forment des avant-corps auxquels
se rattachent deux petits bâtimens en retour sur la cour, les-
quels, ne s'élevant que de la hauteur de l'ordre dorique, forment terrasse au premier étage ; l'avant-corps du premier est
décoré de six colonnes ; à chacun des étages inférieurs,
quatre colonnes corinthiennes, couronnées d'un fronton, s'é-
lèvent en pavillon ; au milieu de cet avant-corps, le pavillon

est surmonté d'un petit dôme carré avec sa campanille ; les combles du château qui sont fort élevés se terminent par une gracieuse balustrade en fer.

La façade qui règne sur le jardin, ou pour mieux dire, sur la rivière, ne diffère de l'autre qu'en ce que les pavillons ont peu de saillie, et que dans ceux des extrémités, l'ordre dorique forme galerie au rez-de-chaussée, ce qui donne à cette élévation une grace particulière. A l'ensemble harmonieux de cet édifice, à l'heureuse combinaison des masses, se joignent les plus beaux détails et la plus grande pureté dans les ordres qui décorent les façades ; toutes les parties en sont soignées ; il n'y a pas jusqu'aux tuyaux de cheminée qui ne soient un objet de décor.

De chaque côté de la façade vers la rivière, il y avait une double avenue de tilleuls, descendant jusqu'à la Seine, et sur la rive opposée cette double avenue se prolongeait en forme de fer-à-cheval pour se diriger ensuite vers Paris, jusqu'à la hauteur du village de Houilles qui se trouve à près d'une lieue de *Maisons-Laffitte*. Le fer-à-cheval dont nous parlons entourait une pièce d'eau ou étang d'un effet admirable ; et ce qui ajoutait encore à la perspective, c'était une cascade située à quelque distance, toujours sur la route de Paris, dont les eaux amenées à grands frais par des conduits souterrains semblaient aller alimenter la pièce d'eau, et de là se diriger vers la Seine.

Ce domaine resta pendant long-temps entre les mains de la famille Longueville ; en 1778, il devint la propriété du comte d'Artois, et après la révolution il passa dans les mains d'un munitionnaire général. Sous l'empire il devint l'apanage d'un homme célèbre. Napoléon en fit présent au maréchal Lannes ; et, par une de ces généreuses attentions, dont il était seul capable, il y fit construire un pont élégant qui remplace un bac aussi pénible que dangereux.

Des mains de la veuve du maréchal, ce beau domaine passa dans celles de M. Jacques Laffitte, homme nouveau, qui devait le transformer et lui donner son nom. Le marquis de Maisons avait construit un château pour y recevoir tout ce que la fortune et la cour avaient alors de plus brillant. Derrière les murailles de son parc, les grilles de ses cours et les larges fossés d'honneur dont il s'était entouré, il faisait fête à la plus brillante société ; plaisirs somptueux, qu'il fallait cacher au peuple, dont la misère eût offert un contraste trop frappant.

M. Jacques Laffitte, au contraire, rase ses riches écuries, comble ses fossés, ouvre les grilles du parc et rêve une cité nouvelle. Seul, il s'ennuie dans son château ; homme du peuple, dans la plus noble acception du mot, il veut être entouré du peuple ; il lui manque une ville pour enrichir son village ; il en crée une. Il abat une partie de ses beaux arbres, perce son parc de mille allées, et appelle à lui tout ce qui peut répondre aux élans de son cœur. Généreuse résolution qui est bien en rapport avec tous les actes de la vie de M. Laffitte : qu'il parle à la tribune ; qu'il dirige ses affaires commerciales ; qu'il renverse des trônes ; qu'il fasse de nouveaux rois ; qu'il crée des banques ; qu'il améliore l'état de nos finances ; qu'il rende la circulation plus facile ; qu'il allége le poids de notre dette, M. Laffitte obéit toujours à la même pensée : faire participer le plus grand nombre aux progrès de la civilisation, et appeler toutes les classes aux jouissances et au bien-être que procure l'accroissement des richesses ; telle a toujours été la noble impulsion de son cœur. Nous allons retrouver une nouvelle application de ces principes, en assistant à l'heureuse transformation de *Maisons-Laffitte*, qui, à un siècle d'intervalle, a servi d'asile à deux grandes célébrités littéraires : à Voltaire et à Béranger !

La transformation du parc de *Maisons-Laffitte* ne date que de quelques années, et déjà près de cent vingt maisons, construites par les soins des nouveaux acquéreurs, sous l'habile direction de M. Ch. Duval, offrent à leurs propriétaires la plus agréable résidence d'été qu'il soit possible de voir. Nous allons indiquer les avantages que présente cette combinaison.

La propriété de *Maisons* occupe une superficie de 1500 arpens ; 500 arpens ont été réservés au château, résidence ordinaire de M. Laffitte : toutefois, en son absence, les grilles sont ouvertes et la circulation est libre dans cette réserve. Les 1000 autres arpens ont été divisés par une série harmonieuse de lignes en 227 parcelles toutes couvertes de forêts, mais de contenances diverses et destinées à recevoir des constructions. Les allées, les places, les squares, les pelouses, les boulingrins, occupent une superficie de 500 arpens et offrent un parcours de seize lieues ; en sorte que les 227 parcelles affectées aux constructions, présentent une superficie de 500 arpens. Chaque lot ou parcelle peut être acheté en totalité ou par fraction de demi-arpent, et la somme, au gré de l'acheteur, n'est exigible que par annuités. Ces seize lieues d'avenues se coupant en sens divers, tantôt ombragées par des arbres séculaires, tantôt traversant de jeunes futaies, descendant parfois sur les bords de la Seine, ou décrivant les plus gracieuses courbes autour des bosquets réservés, établissent entre toutes les parties de cet immense parc des communications faciles et agréables.

Les parcelles, dont nous venons de parler, sont comprises dans quatre grands quartiers : ceux de la *Seine*, du *Château*, du *Parc*, de l'*Industrie*. — Là, sont les rives du fleuve, des côteaux, une prairie verdoyante ; — ici, des avenues princières et l'aspect d'un château ; — plus loin, des bosquets, des bois, la place Napoléon ; — de ce côté l'entrée du parc avec une magnifique route, des champs en plein rapport, et toute l'animation d'un village, et partout, pour ceintures, la forêt de Saint-Germain et la Seine ! Chaque place, chaque avenue rappelle un nom célèbre : il y a tout un cours d'éducation à faire, en parcourant ces allées, ces places et ces bosquets. La religion, la poésie, la musique, l'histoire, les lettres, les sciences, les arts, la gloire militaire, tout y est consacré. On quitte les avenues de Bossuet, de Fénélon, de Racine, de Boileau, de Grétry, de Méhul, pour prendre celles de Buffon, de Lavoisier ; des places portent les grands noms de Charlemagne et de Napoléon, et autour d'elles rayonnent des avenues où sont inscrits les noms de nos plus célèbres guerriers. Cent vingt maisons, avons-nous dit, peuplent déjà ces divers quartiers ; huit cents autres peuvent encore y trouver place. Figurez-vous alors ce que sera cet immense parc tout émaillé de maisons de plaisance, de *villas,* de pavillons, de belvédères, de châlets, de kiosques, de *cottages ?* Quelle belle mosaïque ! quel prestigieux séjour ! Alors tout Paris, avec sa fashion, et ses mille équipages, viendra à l'envi saluer, en habits de fête, la ravissante colonie. Voilà quels sont les avantages de pur agrément offerts aux acquéreurs. Envisageons maintenant les résultats positifs de cette combinaison.

L'acquéreur choisit le site qui lui convient ; prend l'espace qu'il désire, abat les arbres qui le gênent, construit un kiosque ou un châlet, et devient immédiatement propriétaire de *Maisons-Laffitte :* il se promène librement dans cette magnifique résidence, à pied, à cheval, en voiture, seul ou avec sa famille et ses amis : il est maître enfin. De tous les projets formés de nos jours pour associer les classes moyennes aux jouissances du riche, celui de M. Laffitte ne vous paraît-il pas préférable ? Rapp, Owen, Saint-Simon, Fourrier, n'ont publié que des utopies. M. Laffitte seul a fait faire un progrès à la science sociale ; mais sans emphase, sans prospectus ; il a pris l'homme tel qu'il est avec ses erreurs, ses préjugés, ses engouemens, son égoïsme ; il lui a dit : « Venez ; quelque
» modique que soit votre capital, je vous fais riche ; vous
» aurez pour vous seul la maison que vous vous serez faite, les
» jardins que vous vous serez réservés, le bouquet d'arbres
» que vous aurez préféré : ce sera votre sanctuaire, personne
» ne viendra vous troubler dans cette jouissance intime ; la
» forêt, les bassins, l'hippodrome, les nombreuses allées que
» j'ai percées, les places, les fontaines que j'ai élevées, seront
» la propriété commune. » Or, comme la propriété est la plus douce des jouissances, comme c'est elle qui attache au pays et qui flatte le plus l'orgueil de l'homme, c'était une belle et patriotique action que de mettre la propriété à la portée de tous. Aussi, M. Laffitte a-t-il été compris ; à sa voix, le *moi* s'est

rapproché du *nous*, et déjà cent vingt familles ont fixé leur résidence autour du chef-d'œuvre de Mansard. La conversion de la rente , qui est encore un des bienfaits auxquels M. Laffitte a pris sa bonne part, va encore attirer à *Maison s* une foule de petits rentiers qui trouveront dans les achats de terrain un placement avantageux pour leurs économies. Les propriétés de cette partie des environs de Paris vont nécessairement augmenter de valeur : une fois que le chemin de fer de Paris à Saint-Germain sera prolongé sur Poissy, en passant par Maisons-Laffitte ; la navigation à vapeur sur la Basse-Seine, qui, se perfectionnant chaque jour, met Rouen à six heures de distance de Maisons-Laffitte, contribuera encore à réaliser cette plus-value. L'achat des parcelles est donc une spéculation sage, qui offre à tous les capitaux la plus grande sécurité, garantis qu'ils sont par un immeuble considérable et par la haute moralité de celui qui en est le détenteur. Examinons de plus près cette opération.

L'arpent de terre à *Maisons-Laffitte*, couvert de bois, est vendu à raison de six francs la toise carrée, soit 5,400 fr. l'arpent (formant 900 toises). Dans les quartiers arides de la Folie Saint-James, de Batignolles, de Belleville, le prix de la toise carrée, est de 25, 30 et 50 francs, en plaine, sans défense , sans eau ; on sait qu'à Paris les terrains valent depuis 250 fr. jusqu'à 1000 francs la toise. Le parc de Maisons est clos dans toute son étendue par une muraille de dix pieds de haut, et l'intérieur est gardé par des surveillans payés exprès ; en sorte que la propriété y est à l'abri de toutes ces rapines si fréquemment exercées dans les campagnes qui avoisinent Paris. A *Maisons* chaque propriétaire a en outre à sa disposition une ligne d'eau de Seine jaillissante, fournissant 500 litres par jour, qui peuvent être distribués en jet d'eau, ou pour l'économie intérieure du ménage. Ce simple rapprochement suffit pour faire ressortir les avantages que présentent les acquisitions à *Maisons-Laffitte* : d'abord pour les possesseurs de capitaux réalisés ; ensuite , pour ceux qui se trouvent en position de faire chaque année des économies : car le prix du terrain ainsi que les frais de construction de l'habitation, sont au gré de l'acquéreur, payés en annuités plus ou moins éloignées. C'est donc à la fois une acquisition d'agrément et de rapport.

La nature spéciale du terrain de *Maisons-Laffitte* est essentiellement propre à la culture des légumes et des arbres fruitiers, surtout lorsque cette culture est secondée par un abondant arrosage. Les poires fondantes et beurrées, les meilleurs petits pois, les asperges les plus savoureuses nous viennent du voisinage de Maisons, et pendant long-temps ses espaliers ont rivalisé avec tout ce que Montreuil offre de plus parfait. La vigne y croît avec une rapidité merveilleuse. Aussi, grace à cette facilité de végétation, chaque nouveau propriétaire métamorphose son lot en un clin d'œil : là où la veille s'élevaient de magnifiques chênes, croissent maintenant des arbustes et des fleurs; le taillis devient un jardin anglais; le bassin, le jet d'eau, la maison, tout s'élève à la fois. Un mois après l'acquisition du terrain, l'architecte, M. Ch. Duval, vous apporte les clés de la maison dont vous avez prescrit vous même tous les aménagemens. Une cuisine souterraine, des caves, un salon, des chambres d'amis, un parloir, des salles de billards, des combles; la remise, les écuries, le chenil, si vous voulez être un *country-gentleman,* tout cela est construit et décoré en un mois, grace à la prodigieuse activité de M. Duval, non en planches ou en plâtre, comme on fait à Paris, mais en moëllons de grain, parfaitement équarris, et qui acquièrent par l'action de l'air une dureté indestructible. On a long-temps admiré le prodigieux tour de force que fit l'architecte Lenoir, en construisant le théâtre de la Porte-Saint-Martin en quarante-cinq jours; M. Ch. Duval a fait mieux que ça, il a construit à *Maisons-Laffitte* un théâtre pour huit cents personnes en trois jours! Au reste, pour donner une idée des constructions de M. Duval, et du bas prix auquel elles reviennent, nous reproduisons à la fin de ce travail l'esquisse de l'un de ses chalets, qui, construit en pierre, avec cuisine souterraine et caves, n'a coûté que 4.500 francs!

L'architecture d'un peuple est, comme son langage et ses
mœurs : le résultat d'une lente et successive aggrégation d'é-
lémens disparates. Ces élémens, d'abord simples et peu nombreux, se mêlent, se confondent, se neutralisent, ou se modi-
fient mutuellement ; le climat, les habitudes nationales, le genre
de vie publique et privée, les institutions religieuses et poli-
tiques, le degré de civilisation, prêtent leur caractère à cette
masse d'idées empruntées, qui forment bientôt une architecture nationale. L'homme est condamné à l'imitation. Il se
modèle d'après la nature, d'après ses voisins, d'après ses an-
cêtres, et se croit créateur.

Cette nationalité du style architectonique, il ne faut point
la chercher dans les édifices publics, souvent empruntés aux
régions étrangères. Des architectes grecs ont couvert l'Etru-
rie de leurs monumens ; des artistes lombards ont érigé les
cathédrales du nord de l'Europe ; des Musulmans arabes ont
laissé en Espagne les traces de leur génie original et hardi.
Le goût d'un peuple, ses vrais penchans, se trahissent par la
forme et la destination de ses cabanes, non de ses palais ; de
ses édifices les plus humbles, et non de ses temples. Qu'un
roi bâtisse avec le porphyre et l'or le sanctuaire de sa gran-
deur ; qu'il épuise les entrailles de la terre, et mette à contri-
bution les régions les plus éloignées, on le conçoit : mais le
citoyen, le paysan, le fermier, se servent des matériaux à
leur portée, emploient la brique ou l'ardoise, la pierre ou le
plâtre ; ouvrent de vastes cours, de longues colonnades, des
aires découvertes, des portiques aérés dans les pays chauds ;
multiplient les moyens de clôture, bâtissent une toiture haute
et solide, se garantissent contre les vents et l'orage dans les
pays froids ; ou élèvent, dans les régions que la guerre désole,
de vastes et fortes tours qui les mettent à l'abri du pillage et
de la violence.

L'abbaye et le château, les deux pivots de la société féo-
dale, ont disparu avec le pouvoir du prêtre et du haut-baron.
La société européenne s'est empreinte de démocratie et d'in-
dustrialisme ; toutes les classes se sont nivelées ; plus de point

culminant et central, plus de domination exorbitante. L'autel et le manoir seigneurial sont de plain-pied avec l'âtre du citoyen et la salle de justice : aussi, remarquez comme nous sommes revenus peu à peu à la simplicité des lignes architecturales. Il y a toute l'histoire d'un peuple dans une rue. Là-bas, les grandes flèches pointues de l'église, monument d'un autre âge; plus près, le palais du seizième siècle, chaos élégant, mélange piquant de tous les styles; enfin nos maisons modernes, à plusieurs étages, de facile accès et de construction légère, toutes horizontales, rectilignes, plus commodes que pittoresques, plus régulières que belles, plus élégantes que riches.

Si le sentiment des arts entrait pour quelque chose dans les réglemens de police et les ordonnances de la voirie, rien ne serait plus aisé que de conserver à l'ensemble d'une ville l'intérêt des souvenirs, et d'éviter aussi cette incohérence choquante dont la plupart des constructions qui environnent un édifice capital offrent le déplorable exemple.

Mais l'architecture des villes est soumise à une foule de considérations d'utilité privée qui en exilent le pittoresque, qui bannissent même de leur sein le culte des souvenirs, et cette nationalité si précieuse par son antique poésie. C'est à la campagne seulement que ce double caractère peut se conserver dans sa pureté. L'imagination s'y joue plus librement; la pensée y retrouve son indépendance. Là, vous n'êtes pas pressé de toutes parts, et cerné, pour ainsi dire, par la boutique et le magasin, par des édifices dont le seul but est l'utilité, auxquels la grace et le goût sont étrangers. Si une abbaye gothique nous semble déplacée au milieu de nos rues modernes; nous la découvrons avec un indéfinissable plaisir au milieu des bois ; le temple grec nous rappelle les premières époques de notre civilisation, et l'aspect d'une chaumière fait toujours battre notre cœur : car c'est là que se trouve le berceau de tous les peuples. A la campagne, sur un vaste espace, toutes ces fabriques d'aspect différent, séparées entre elles par des masses de verdure, au lieu de se contrarier se servent réciproquement et varient nos émotions. Mais, pourquoi nos modernes constructeurs, dans leur ardeur et leur zèle pour le gothique, ont-ils jeté pêle-mêle et sans aucun goût tous ces caractères divers appartenant à des époques éloignées: alliant le machicoulis avec la statue italienne, la fenêtre ornée de feuillages avec l'ogive pointue, les créneaux de la forteresse avec les niches profondes de la cathédrale, et les bastions de la citadelle avec les ornemens du prieuré? Croit-on que, pour élever un édifice gothique, il suffise d'aligner des tourelles, de dessiner un mur crénelé autour d'un bâtiment moderne, de multiplier les pans octogones, de tourmenter la pierre de toutes les façons imaginables, de copier toutes les inventions des anciens temps, sans scrupule et sans choix, sans égard pour la différence des siècles et des styles? Ce sont là des fautes graves. Le château-fort ne ressemblait pas à l'abbaye, ni l'abbaye au prieuré, ni le prieuré au manoir; et l'édifice suzerain du temps de François Ier, palais orné, château seigneurial, s'écartait, sous mille rapports, du domaine des vieux châtelains.

Le manoir ecclésiastique a ses traits distinctifs: c'était là que régnait l'abbé mitré, suivi de son cortége de têtes chauves et de moines en longues robes; et là aussi vous retrouviez les immenses fenêtres garnies de leurs vitraux, et les voûtes à ogive; et le beffroy, et les tours à lanterne, et le quadrangle aux longs pilastres.

Mais, si l'on doit apporter l'exactitude la plus scrupuleuse dans l'imitation de l'architecture extérieure et ornementale, je suis loin de penser que la disposition intérieure des édifices récemment construits doive être calquée sur celle des manoirs de l'ancien temps. A quoi servirait la grande salle? à quoi bon la galerie des ménestrels? Rappelons-nous que la splendeur de ces demeures égalait leur incommodité, et que l'ouvrier et l'artisan de nos jours jouissent d'un bien-être physique plus grand que celui des rois et des reines du seizième et du dix-septième siècle. Leurs lits étaient incommodes, leurs salles ouvertes à tous les vents, et leurs palais, sous le rapport du comfort, ne valaient pas la maison du bourgeois actuel.

Cette digression n'est point oiseuse dans le sujet qui nous occupe : *Maisons* est aujourd'hui une école expérimentale, où tous les genres d'architecture ont été essayés, où chaque année vingt constructions différentes s'élèvent, essais qui fourniront un jour d'excellens modèles à tous ceux qui se proposent de bâtir à la campagne. M. Pingret, avec cette verve qui distingue toutes les productions de cet artiste, a esquissé dans un élégant album la plupart de ces constructions ; mais c'est sur place qu'il faut voir ces élégantes fabriques, à travers le prisme des jets d'eau qui s'élancent devant leur façade, avec la verdure qui les entoure, avec les tons chauds qu'elles projettent sur la teinte sombre des massifs. Aucune des cent vingt maisons qui existent à Maisons-Laffitte n'est construite sur le même plan ; toutes, elles ont une physionomie et des distributions différentes. Depuis la simple chaumière jusqu'au palais, vous y trouverez des spécimens de tous les genres. L'architecte, M. Ch. Duval, tout en obéissant aux volontés des acquéreurs, ne s'est pas écarté des règles du bon goût. Il a reproduit tous les styles, sans jamais les marier d'une manière monstrueuse ; et il a toujours soin de les harmoniser avec le site, avec la végétation qui y domine : l'humble *cottage* se glisse sous les rameaux des chênes ; la *villa* italienne, fière du soleil, s'éloigne des grands arbres et se fait admirer seule ; le châlet suisse s'entoure de sapins et de vertes prairies ; la maison anglaise avec son *sweet home* a des sentiers capricieux, des allées bien sablées, des arbustes bien peignés, des gazons toujours émondés. Aussi rien de plus agréable et de plus varié qu'une promenade dans *Maisons-Laffitte*. Sans cesse à vos regards s'offrent ou de jolis décors d'architecture, ou des forêts de chênes, ou des bosquets de frênes et de platanes, ou de magnifiques groupes de tulipiers et de catalpas, ou des plantations d'érable, d'*aralia spinosa* et de *tamarix indica* ; tandis que dans les terres de bruyères s'étale la belle végétation du *magnolia tripetala*, du *calycanthus præcox* et des *rhododendrons* : car à Maisons-

Laffitte M. Monneau a formé une succursale de sa pépinière si renommée de Montmorency (1).

Mais essayons de nous reconnaître au milieu de ce merveilleux dédale de places, de maisons, de châteaux, d'allées et de forêts. Cette *villa* italienne qui s'élève à trois étages et dont la toiture disparaît derrière une balustrade ornée de vases, appartient à M. Restan, médecin non moins distingué qu'habile horticulteur-paysagiste, et qui, dans les quatre arpens qui forment sa propriété, a su se ménager un jardin anglais, des potagers et un délicieux bosquet. Le docteur Rivière a adopté le genre agreste; c'est une construction en rocaille, couronnée par une terrasse au dessus du toit, qui simule un chàlet suisse. Cette fabrique, quoique simple, est élégante et gracieuse.

M. Edouard Cotton, ex-officier supérieur de la yeomanry, est resté fidèle à ses habitudes; sa demeure est une véritable maison anglaise, bien close bien confortablement disposée : ici, tout a été calculé pour la commodité intérieure. La pièce d'eau est empoissonnée, et la salle de billard est parfaite. Si madame Catherine Molesworth a un peu dérogé au genre extérieur des constructions anglaises, elle n'a pas du moins voulu rompre avec le confort, et les dispositions intérieures de son habitation sont un modèle du genre. Le salon est contigu à la serre : en sorte qu'au milieu de l'hiver, malgré les frimats, on peut jouir au coin du feu de la vue de ce parterre factice, tout composé de plantes rares.

(1) On sait que M. François Monneau a seul l'exploitation de l'extraction de la terre de Bruyère de la forêt de Montmorency. Cette terre, animalisée et reconnue d'une qualité parfaite, peut se diviser en trois lots, savoir : 1° 100,000 mètres terre grise siliceuse onctueuse, première qualité ; 2° 25,000 mètres terre noire sans être tourbeuse, bonne pour la pleine terre. C'est la plus employée pour les Camélias, Magnolias, Hortensias, Rhododendrons et Azaléas; 3° 25,000 mètres terre grise, très sablonneuse, propres aux végétaux les plus délicats cultivés en pots, et pour les boutures et semis: aussi M. François Monneau fournit-il le Jardin des Plantes, le domaine royal de Neuilly, le Luxembourg, le domaine de Monceaux et les principaux établissemens d'horticulture de Paris.

M. Chaulieu, compositeur de musique, a tout sacrifié à son art; dans sa maison coquette, qui a tous les dehors d'un petit château, l'architecte a su y ménager une salle de concert de trente pieds de long, construite suivant les règles les plus rigoureuses de l'acoustique. C'est là que Nieder-Meyer, auteur de *Stradella,* et M. Wilhelm, autre composi-teur allemand, et tous deux habitans de Maisons-Laffitte, viennent essayer l'effet de leurs magiques partitions. Toutes les autres pièces qui composent l'élégante demeure de M. Chaulieu sont de véritables bonbonnières.

M. Aigre, éditeur heureux de plusieurs bonnes entre-prises littéraires, s'est fait élever la construction la plus bi-zarre qu'il soit possible d'imaginer : c'est une espèce de cara-vanserail, couronné par une tente simulant le coutil. Un veran-dah règne sur la partie antérieure de l'édifice, qui se trouve flanqué de deux chaumières. C'est une véritable *fancy-house* (maison de caprice), comme disent les Anglais, et qui ne sera surpassée en originalité que par la maison turque que M. Jules Janin va, dit-on, faire construire à Maisons-Laf-fitte.

Après cela, vous parlerai-je de la maisonnette de M. Ser-voisier, trésorier au ministère de la marine, de celle de M. Maréchal, des bains publics et de cent autres cons-tructions, petits édifices en miniature, tous conçus avec une intelligence parfaite d'économie et de distribution, où rien n'est perdu, où l'on a tiré parti de tous les re-coins, où l'architecte a su si habilement marier l'utile à l'a-gréable. Mais notre intention, en écrivant ces pages, n'a pas été de dresser la statistique de *Maisons-Laffitte*, ni de faire le dénombrement de ses habitans; nous avons seulement voulu écrire l'histoire abrégée de cette résidence, indiquer les différentes transformations qu'elle a subies, et signaler à l'attention publique l'un des chefs-d'œuvre de Mansard et l'un des essais les plus heureux qui aient été tentés, dans l'intérêt des classes moyennes, en organisant aux portes de la capitale une semblable colonie, dont les habitans inscriront tous un

jour au front de leur demeure, et en témoignage de leur re-
connaissance pour le fondateur, *Deus nobis hæc otia fecit !*

Arrivés à la fin de ce travail, nous croyons devoir indiquer
les moyens de transport qui existent entre Paris et Maisons-
Laffitte. Six voitures accélérées partent chaque jour de la rue
de Rivoli, n° 4, pour Maisons-Laffitte. Le chemin de fer de
Paris à St-Germain, qui doit être continué jusqu'à Poissy,
longera les murs du parc de Maisons, et y conduira directe-
ment. En attendant, les voyageurs, qui prennent le chemin
de fer pour se rendre à Maisons-Laffitte, trouvent les bateaux
à vapeur de la basse Seine, qui les transportent en quelques
minutes du Pecq à *Maisons* : charmant trajet qui se fait à travers le plus riche paysage. Les hôtels Talma, de l'Aigle-d Or
et du Petit-Havre, offrent en outre aux visiteurs tous les con-
forts désirables.

DE ROUVIÈRES.

Ainsi que nous l'avons annoncé à la page 16, nous reproduisons ici l'esquisse de l'une des plus modestes constructions de Maisons-Laffitte. C'est une chaumière ornée, qui tient le milieu entre le chalet suisse et le cottage anglais. Les frais de construction n'ont pas excédé la somme de 4,500 francs.

M. Charles Duval, architecte de *Maisons-Laffitte*, se charge spécialement de la construction des maisons de campagne. On le trouve à *Maisons-Laffitte* le jeudi et le dimanche, et il réside à Paris, 13, rue Cadet.